Impressum
Verlag: BABADADA GmbH, Nedderfeld 112 , 22529 Hamburg
Geschäftsführer / Verlagsleitung: Harald Hof
Druck: Books on Demand GmbH, In de Tarpen 42, 22848 Norderstedt

Imprint
Publisher: BABADADA GmbH, Nedderfeld 112 , 22529 Hamburg, Germany
Managing Director / Publishing direction: Harald Hof
Print: Books on Demand GmbH, In de Tarpen 42, 22848 Norderstedt, Germany

məktəb

школа

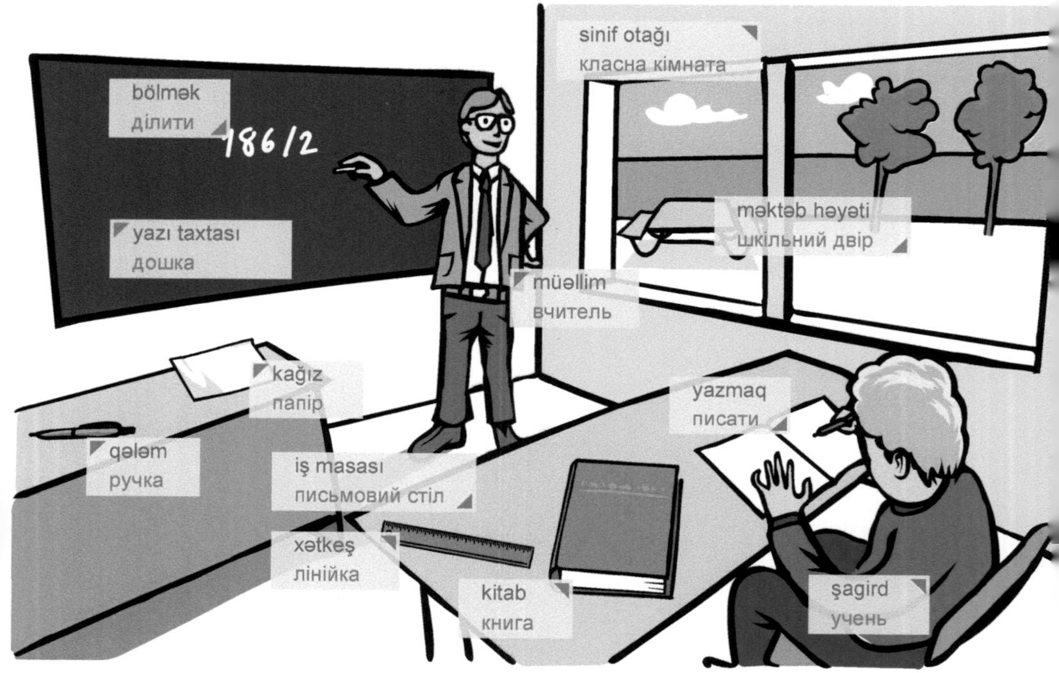

sinif otağı
класна кімната
bölmək
ділити
186/2
yazı taxtası
дошка
məktəb həyəti
шкільний двір
müəllim
вчитель
kağız
папір
yazmaq
писати
qələm
ручка
iş masası
письмовий стіл
xətkeş
лінійка
kitab
книга
şagird
учень

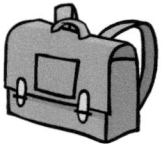

məktəbli çantası

ранець

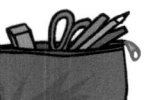

karandaş qabı

пенал

karandaş

олівець

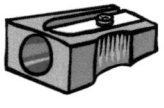

karandaş yonan

точило

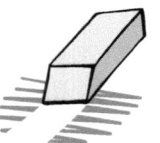

pozan

гумка

rəsm albomu

альбом для малювання

rəsm

малюнок

boya fırçası

пензель

boya qutusu

коробка фарб

qayçı

ножиці

yapışdırıcı

клей

dəftər

зошит

ev tapşırığı

домашнє завдання

say

число

əlavə etmək

додавати

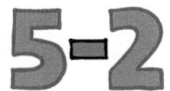

çıxmaq

віднімати

vurmaq

множити

hesablamaq

рахувати

hərf

літера

əlifba

абетка

hello

söz

слово

mətn

текст

oxumaq

читати

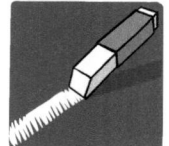

tabaşir

крейда

dərs

година

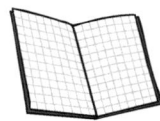

sinif jurnalı

класний журнал

imtahan

екзамен

təhsil haqqında sənəd

диплом

məktəb uniforması

шкільна форма

təhsil

освіта

ensiklopediya

лексикон

universitet

університет

mikroskop

мікроскоп

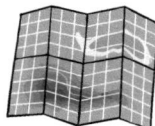

xəritə

карта

zibil qutusu

кошик для паперу

səyahət
подорож

mehmanxana
готель
Grand
yataqxana
турбаза
ROOMS
EXCHANGE
valyuta mübadiləsi məntəqəsi
обмінний пункт
çamadan
валіза
avtomobil
автомобіль

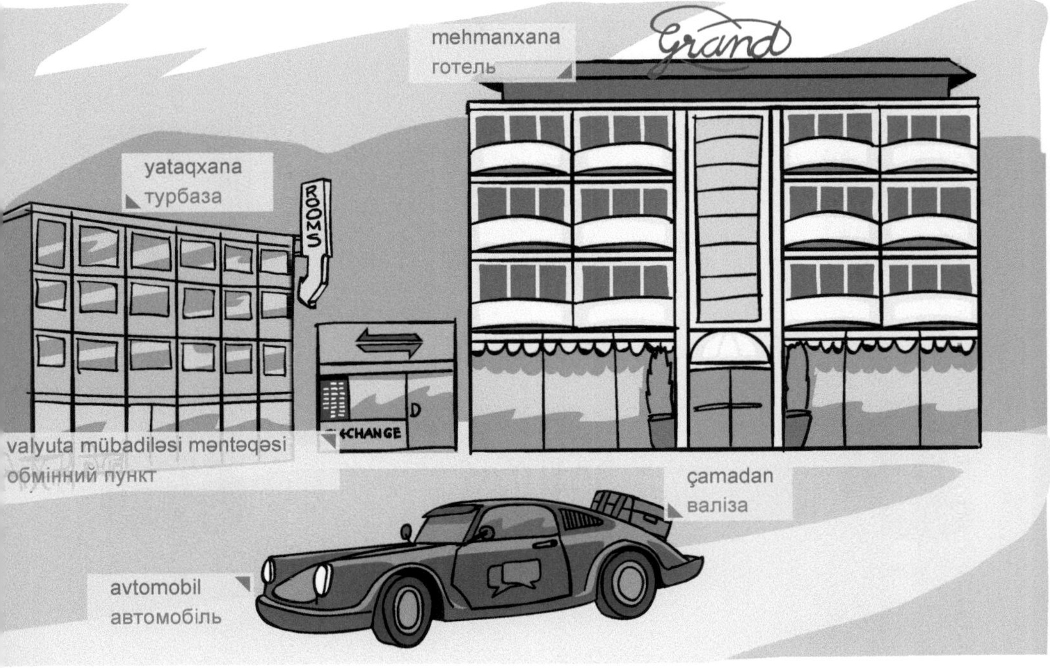

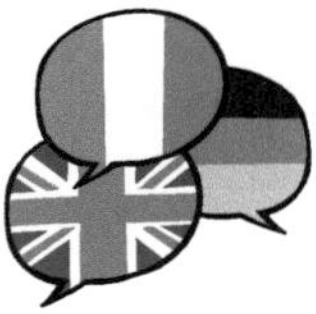

dil

мова

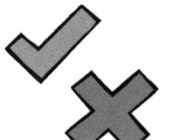

bəli/xeyr

так / ні

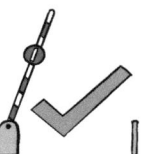

oldu

добре

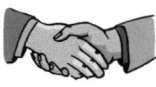

salam

привіт

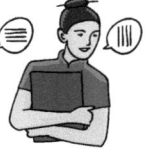

tərcüməçi

перекладач

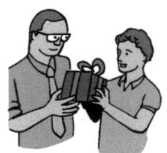

Təşəkkür edirəm

дякую

giyməti nə qədərdir ...?

Скільки коштує ...?

mən başa düşmürəm

Я не розумію

problem

проблема

Axşamınız xeyir!

Добрий вечір!

Sabahınız xeyir!

Доброго ранку!

Gecəniz xeyrə galsin!

На добраніч!

hələlik

До побачення

istiqamət

напрямок

baqaj

багаж

torba

сумка

kürək çantası

рюкзак

qonaq

гість

otaq

кімната

yataq-çuval

спальний мішок

çadır

намет

turistlər üçün məlumat

туристична інформація

çimərlik

пляж

kredit kartı

кредитна картка

səhər yeməyi

сніданок

günorta yeməyi

обід

nahar yeməyi

вечеря

bilet

квиток

lift

ліфт

poçt markası

поштова марка

sərhəd

межа

gömrük

митниця

səfirlik

посольство

viza

віза

pasport

паспорт

səyahət - подорож

nəqliyyat

транспорт

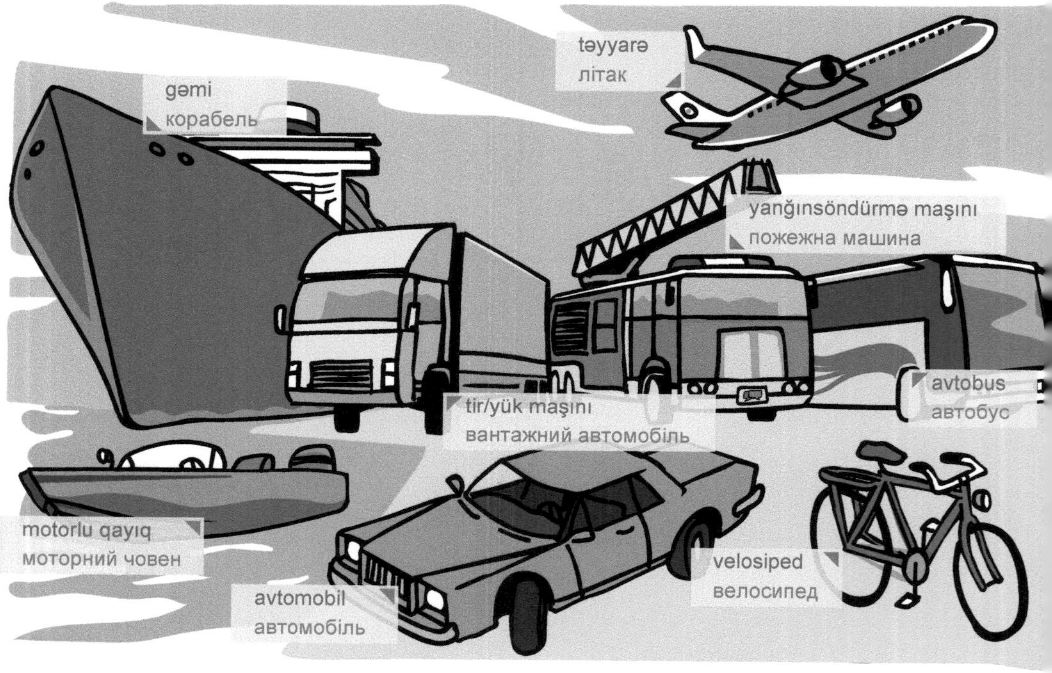

təyyarə
літак
gəmi
корабель
yanğınsöndürmə maşını
пожежна машина
avtobus
автобус
tir/yük maşını
вантажний автомобіль
motorlu qayıq
моторний човен
velosiped
велосипед
avtomobil
автомобіль

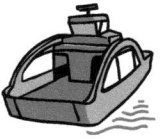

bərə

пором

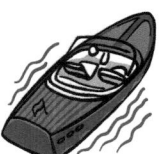

qayıq

човен

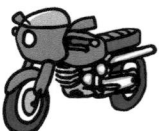

motosiklet

мотоцикл

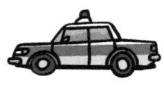

polis avtomobili

поліцейська машина

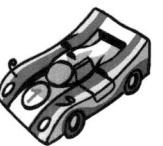

yarış avtomobili

гоночний автомобіль

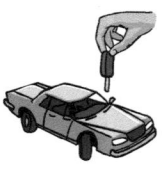

icarə avtomobili

автомобіль на прокат

avtomobil icarəsi

іільне користування авто

texniki yardım maşını

евакуатор

zibil maşını

сміттєвоз

mühərrik

двигун

yanacaq

паливо

benzin doldurma məntəqəsi

автозаправна станція

yol nişanı

дорожній знак

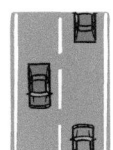

yol hərəkəti

рух

tıxac

затор

avtomobil dayanacağı

стоянка

dəmir yolu stansiyası

вокзал

dəmiryol

рейки

qatar

потяг

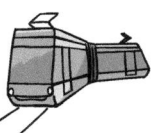

tramvay

трамвай

vaqon

вагон

helikopter

гелікоптер

hava limanı

аеропорт

qüllə

вежа

sərnişin

пасажир

konteyner

контейнер

karton qutu

коробка

əl arabası

візок

səbət

кошик

qalxmaq / enmək

стартувати / приземлятися

şəhər

місто

kənd

село

şəhər mərkəzi

центр міста

ev

дім

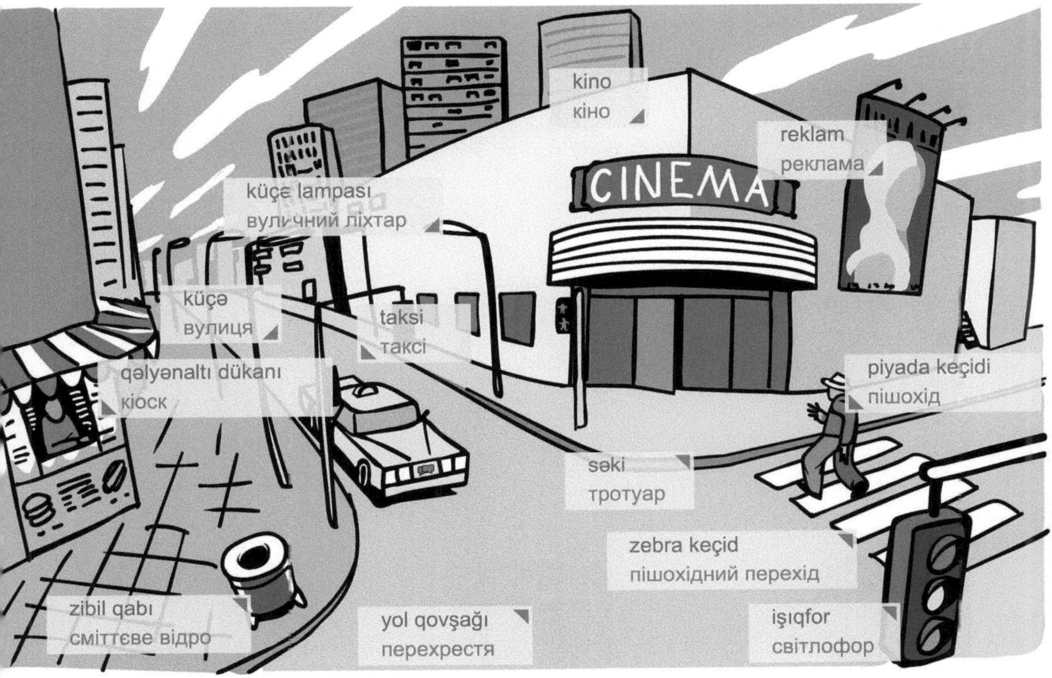
kino
кіно
reklam
реклама
CINEMA
küçə lampası
вуличний ліхтар
küçə
вулиця
taksi
таксі
qəlyənaltı dükanı
кіоск
piyada keçidi
пішохід
səki
тротуар
zebra keçid
пішохідний перехід
zibil qabı
сміттєве відро
yol qovşağı
перехрестя
işıqfor
світлофор

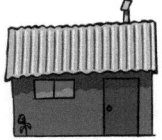

daxma

хатина

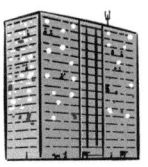

mənzil

квартира

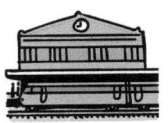

dəmir yolu stansiyası

вокзал

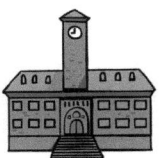

bələdiyyə binası

ратуша

MUSEUM

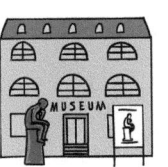

muzey

музей

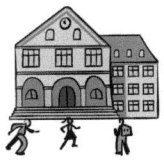

məktəb

школа

universitet

університет

bank

банк

xəstəxana

лікарня

mehmanxana

готель

aptek

аптека

ofis

офіс

kitab dükkanı

книжковий магазин

dükan

магазин

çiçək dükanı

квітковий магазин

supermarket

супермаркет

bazar

ринок

univermaq

універмаг

balıq satıcısı

торговець рибою

ticarət mərkəzi

торговельний центр

liman

гавань

park

парк

oturacaq

лава

körpü

міст

pilləkən

сходи

metro

метро

tunel

тунель

avtobus dayanacağı

автобусна зупинка

bar

бар

restoran

ресторан

poçt qutusu

поштова скринька

küçə nişanı

вулична табличка

parkinq sayğacı

лічильник паркування

zoopark

зоопарк

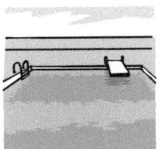

üzgüçülük hovuzu

басейн

məscid

мечеть

ferma

ферма

ətraf mühitin çirklənməsi

забруднення
навколишнього
середовища

məzarlıq

кладовище

kilsə

церква

oyun meydançası

дитячий майданчик

məbəd

храм

mənzərə
ландшафт

yarpaq
листок

yol nişanı
вказівний стовп

yol
шлях

çəmən
луг

daş
камінь

piyada səyyah
мандрівник

ağac
дерево

çay
річка

ot
трава

gül
квітка

14

vadi

долина

təpə

гора

göl

озеро

meşə

ліс

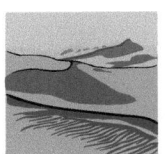

səhra

пустеля

vulkan

вулкан

qəsr

замок

göy qurşağı

веселка

göbələk

гриб

palma

пальма

ağcaqanad

комар

milçək

муха

qarışqa

мурашка

arı

бджола

hörümçək

павук

böcək
жук

qurbağa
жаба

dələ
вивірка

kirpi
їжак

dovşan
заєць

bayquş
сова

quş
птах

qu quşu
лебідь

qaban
кабан

maral
олень

sığın
лось

su bəndi
гребля

külək turbini
вітряк

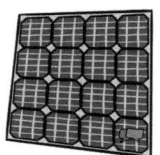

günəş batareyası
сонячний модуль

iqlim
клімат

restoran

ресторан

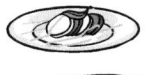

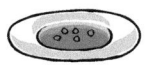

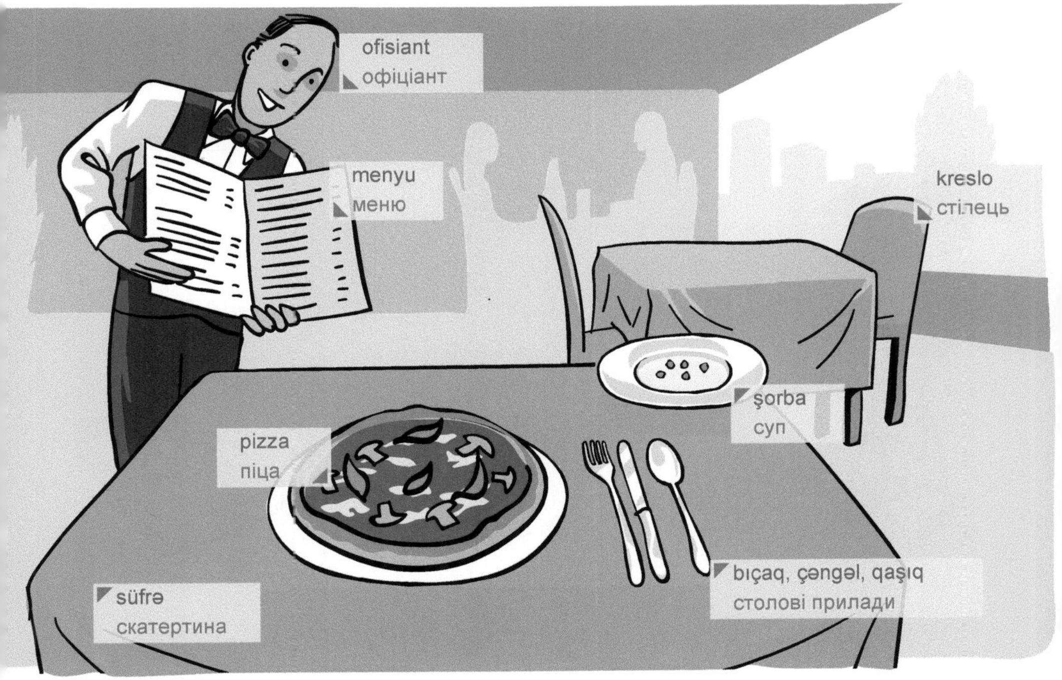
ofisiant
офіціант
menyu
меню
kreslo
стілець
şorba
суп
pizza
піца
bıçaq, çəngəl, qaşıq
столові прилади
süfrə
скатертина

məzə

закуска

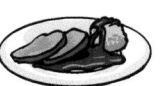

əsas yemək

друга страва

desert

десерт

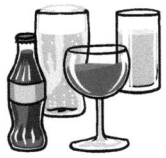

içkilər

напої

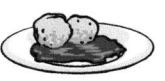

yemək

їжа

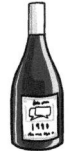

şüşə

пляшка

fast food

фаст-фуд

küçə yeməkləri

вулична їжа

çaynik

чайник

qəndqabı

цукорниця

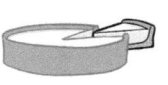

pay

порція

espresso maşını

еспресо-машина

hündür uşaq kreslosu

високий стільчик

faktura

рахунок

nimçə

піднос

bıçaq

ніж

çəngəl

вилка

qaşıq

ложка

çay qaşığı

чайна ложка

salfet

серветка

şüşə

склянка

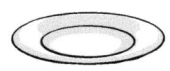

boşqab

тарілка

şorba boşqabı

тарілка для супу

nəlbəki

блюдце

sous

соус

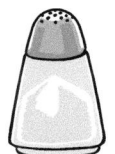

duz qabı

солонка

bibərüyüdən

млин для перцю

sirkə

оцет

duru yağ

масло

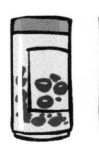

ədviyyat

спеції

ketçup

кетчуп

xardal

гірчиця

mayonez

майонез

supermarket
супермаркет

xüsusi təklif
пропозиція
FOR
müştəri
клієнт
süd məhsulları
молочні продукти
meyvə
фрукти
alış-veriş arabası
візок для покупок

BUTCHERS

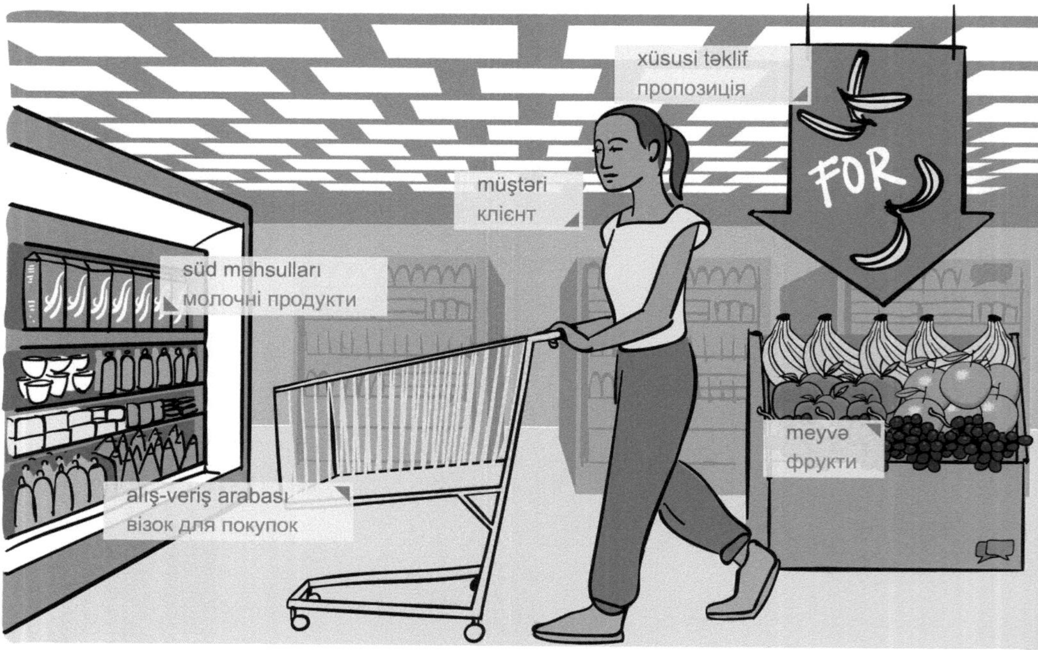

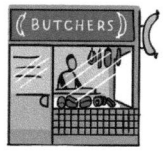

qəssab dükanı

м'ясний магазин

BAKERY

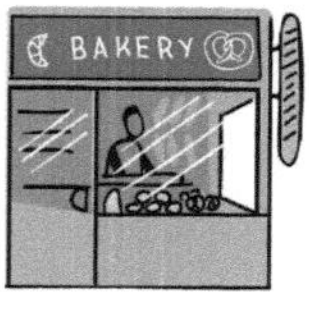

çörəkçi

пекарня

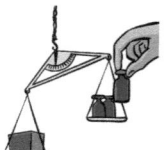

çəkmək

зважувати

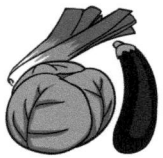

tərəvəz

овочі

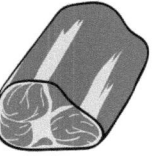

ət

м'ясо

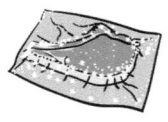

dondurulmuş qida

заморожені продукти

soyuq ət yeməyi

ковбасна нарізка

konservləşdirilmiş qida

консерви

yuyucu toz

пральний порошок

şirniyyat

солодощи

təsərrüfat malları

предмети домашнього побуту

yuyucu vasitələr

мийний засіб

satıcı

продавщиця

kassa

каса

kassir

касир

alış-veriş siyahısı

список покупок

iş saatları

часи роботи

pul kisəsi

гаманець

kredit kartı

кредитна картка

torba

сумка

plastik torba

поліетиленовий пакет

su
....
вода

şirə
....
сік

süd
....
молоко

cola
....
кола

şərab
....
вино

pivə
....
пиво

alkoqollu içkilər
....
алкоголь

kakao
....
какао

çay
....
чай

qəhvə
....
кава

espresso
....
еспресо

kapuçino
....
капучіно

banan

банан

alma

яблуко

portağal

апельсин

yemiş

кавун

limon

лимон

yerkökü

морква

sarımsaq

часник

bambuq

бамбук

soğan

цибуля

göbələk

гриб

qoz-fındıq

горішки

əriştə

локшина

spagetti

спагеті

düyü

рис

salat

салат

cips

картопля фрі

qızardılmış kartof

смажена картопля

pizza

піца

hamburger

гамбургер

sandviç

бутерброд

eskalop

шніцель

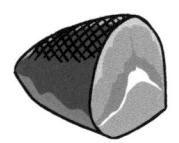

hisə verilmiş donuz əti

шинка

salyami

салямі

kolbasa

ковбаса

toyuq

курка

qızardılmış ət tikəsi

печеня

balıq

риба

yulaf yarması

вівсяні пластівці

müsli

мюслі

partlaq qarğıdalı

кукурудзяні пластівці

un

борошно

kruassan

круасан

bulka

булочка

çörək

хліб

tost

тостовий хліб

peçenye

печиво

kərə yağı

масло

kəsmik

сир

tort

пиріг

yumurta

яйце

qayğanaq

яєчня

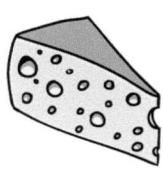

pendir

сир

dondurma

морозиво

şəkər

цукор

bal

мед

mürəbbə

мармелад

şokolad pastası

нуга-крем

köri

карі

ferma
ферма

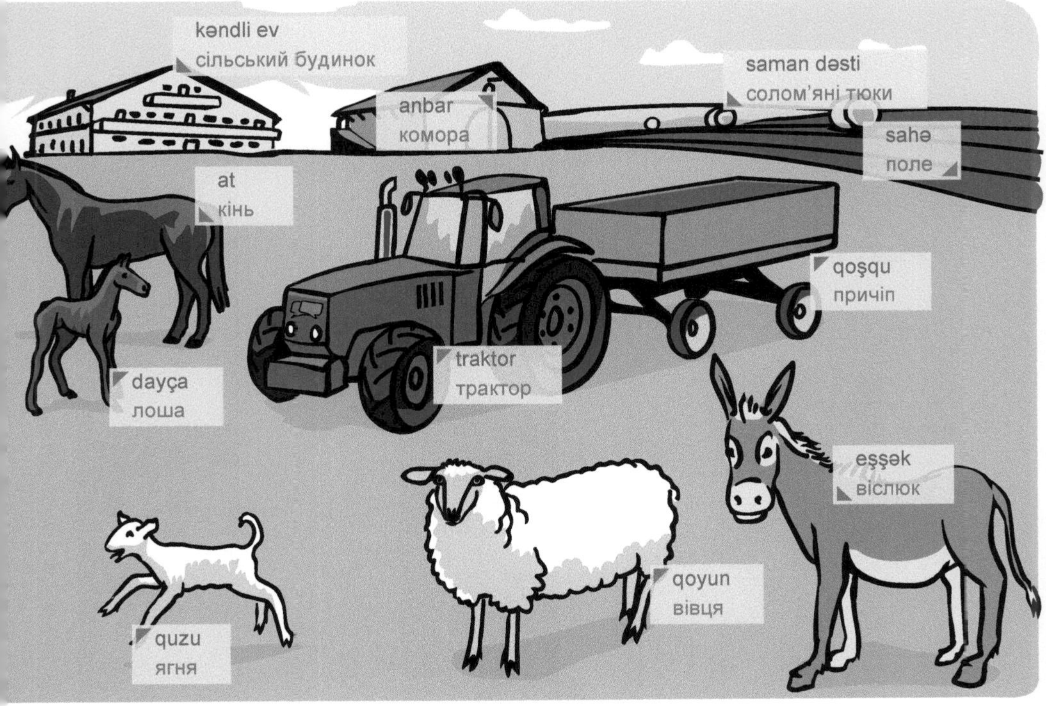
kəndli ev
сільський будинок
saman dəsti
солом'яні тюки
anbar
комора
sahə
поле
at
кінь
qoşqu
причіп
dayça
лоша
traktor
трактор
eşşək
віслюк
qoyun
вівця
quzu
ягня

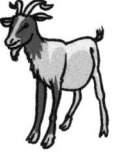

keçi

коза

inək

корова

dana

теля

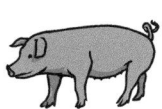

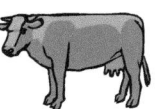

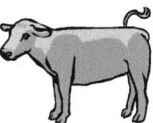

donuz

свиня

donuz balası

порося

öküz

бик

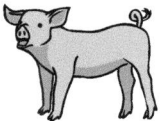

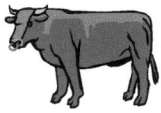

qaz
гусак

ördək
качка

cücə
курча

toyuq
курка

xoruz
півень

siçovul
щур

pişik
кіт

siçan
миша

öküz
віл

it
собака

itdamı
собача будка

bağ şlanqı
садовий шланг

susəpən
лійка

dəryaz
коса

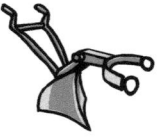

kotan
плуг

oraq

серп

kətman

мотика

yaba

вила

balta

сокира

əl arabası

тачка

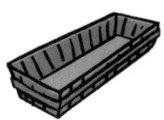

çalov

корито

süd bidonu

бідон молока

çuval

мішок

çəpər

паркан

tövlə

хлів

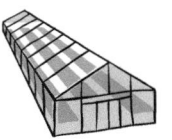

istixana

теплиця

torpaq

ґрунт

toxum

насіння

gübrə

добриво

taxılbiçən kombayn

комбайн

məhsul yığmaq

пожинати

məhsul yığımı

урожай

yam

корінь ямсу

buğda

пшениця

soya

соя

kartof

картопля

dən

кукурудза

raps

ріпак

meyvə ağacı

плодове дерево

maniok

маніок

yarma

злаки

baca
димохід

dam
дах

drenaj borusu
водостічний лоток

pəncərə
вікно

qaraj
гараж

qapı zəngi
дзвінок

qapı
двері

zibil vedrəsi
відро для сміття

poçt qutusu
поштова скринька

bağ
сад

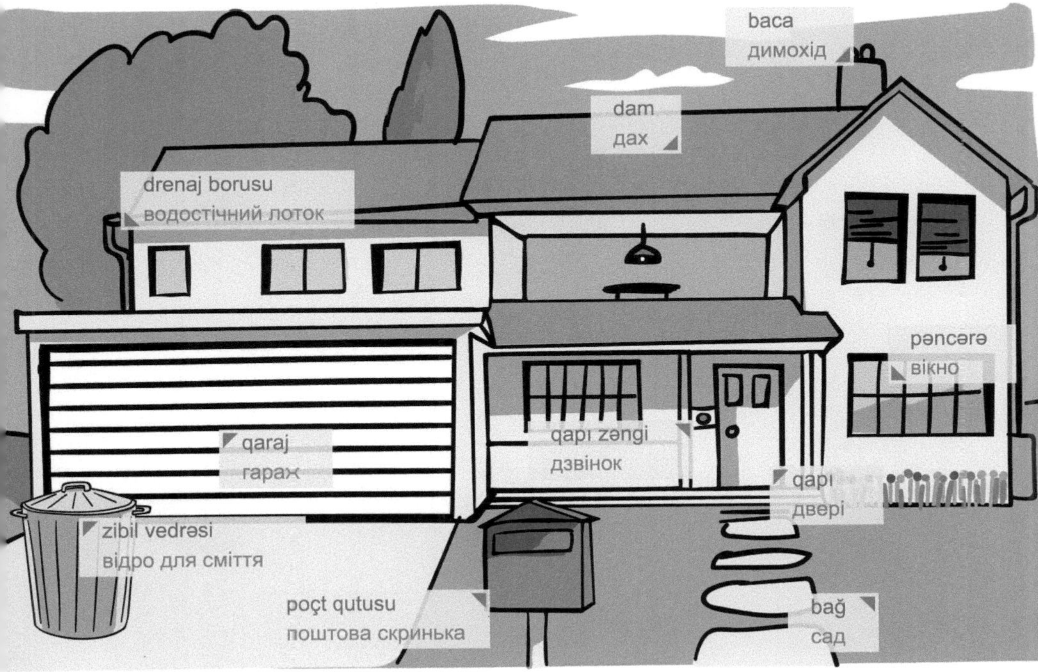

qonaq otağı

вітальня

hamam otağı

ванна кімната

mətbəx

кухня

yataq otağı

спальня

uşaq otaqı

дитяча кімната

yemək otağı

їдальня

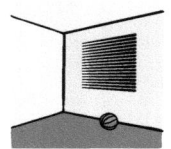

döşəmə
підлога

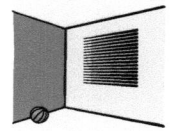

divar
стіна

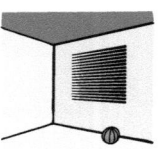

tavan
стеля

zirzəmi
підвал

sauna
сауна

balkon
балкон

terras
тераса

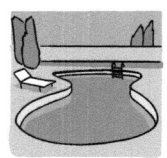

üzgüçülük hovuzu
басейн

otbiçən maşın
косарка

mələfə
простирало

yataq örtüyü
ковдра

yataq
ліжко

süpürgə
мітла

vedrə
відро

elektrik açarı
перемикач

qonaq otağı

вітальня

divar kağızı
шпалери
şəkil
малюнок
lampa
лампа
rəf
поличка
şkaf
шафа
televiziya
телевізор
buxarı
камін
gül
квітка
yastıq
подушка
divan
диван
vaza
ваза
uzaqdan idarəetmə
пульт

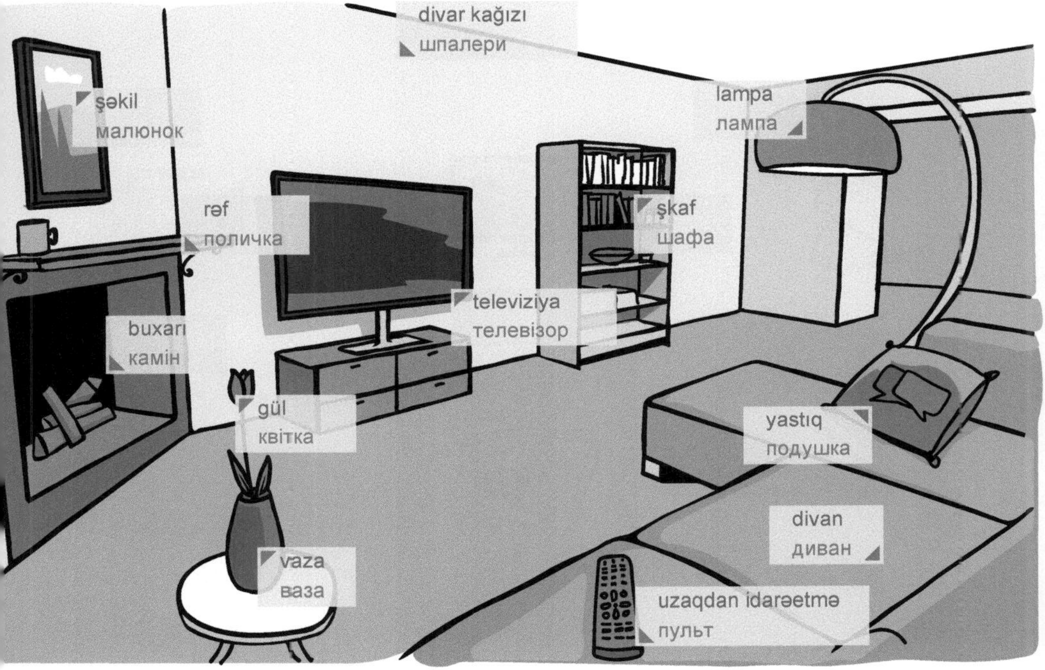

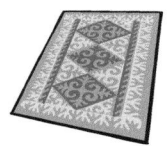

xalça

килим

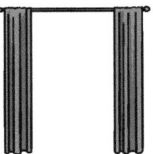

pərdə

завіса

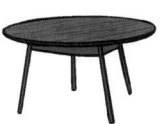

masa

стіл

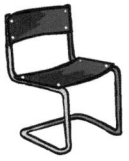

kreslo

стілець

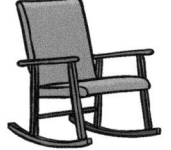

yırğalanan stul

крісло-гойдалка

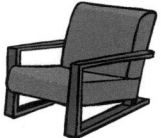

kreslo

крісло

kitab

книга

yorğan

ковдра

bəzək

прикраса

odun

дрова

film

фільм

stereo səs sistemi

стереосистема

açar

ключ

qəzet

газета

rəsm əsəri

картина

plakat

плакат

radio

радіо

bloknot

блокнот

tozsoran

пилосос

kaktus

кактус

şam

свічка

mətbəx

кухня

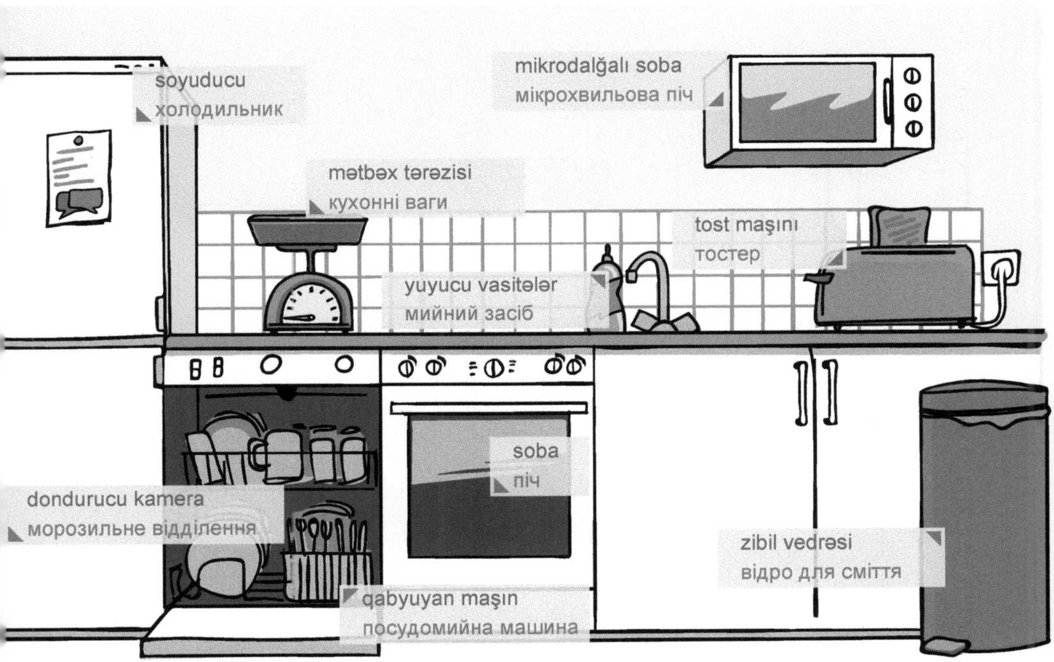

soyuducu
холодильник
mikrodalğalı soba
мікрохвильова піч
mətbəx tərəzisi
кухонні ваги
tost maşını
тостер
yuyucu vasitələr
мийний засіб
soba
піч
dondurucu kamera
морозильне відділення
zibil vedrəsi
відро для сміття
qabyuyan maşın
посудомийна машина

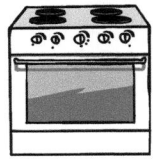

soba

плита

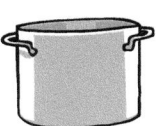

qazan

горщик

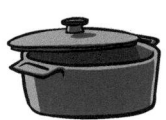

çuqun qazan

чавунний горщик

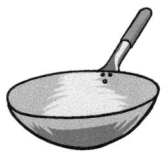

vok / kadai

вок / кадай

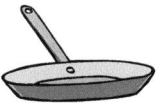

tava

сковорода

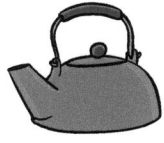

çaydan

чайник

buxar qazanı

пароварка

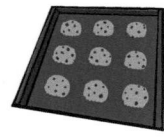

sac

лист

qab

посуд

fincan

кухоль

ləyən

чаша

yemək üçün çubuqlar

палички для їжі

çömçə

черпак

spatula

лопатка

çırpıcı

вінчик для збивання

süzgəc

сито

ələk

сито

sürtgəc

терка

həvəngdəstə

ступка

barbekyu

барбекю

ocaq

багаття

doğrama taxtası
дошка

oxlov
качалка

probkaçıxaran
штопор

banka
консерва

bankaağzıaçan
відкривачка

qabtutan
прихватки

əl üz yuyan
раковина

fırça
щітка

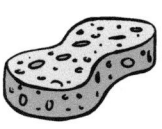

süngər
губка

blender
міксер

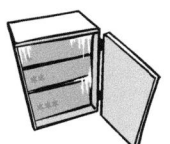

dondurucu
морозильна камера

körpə şüşəsi
дитяча пляшка

kran
кран

mətbəx - кухня

hamam otağı

ванна кімната

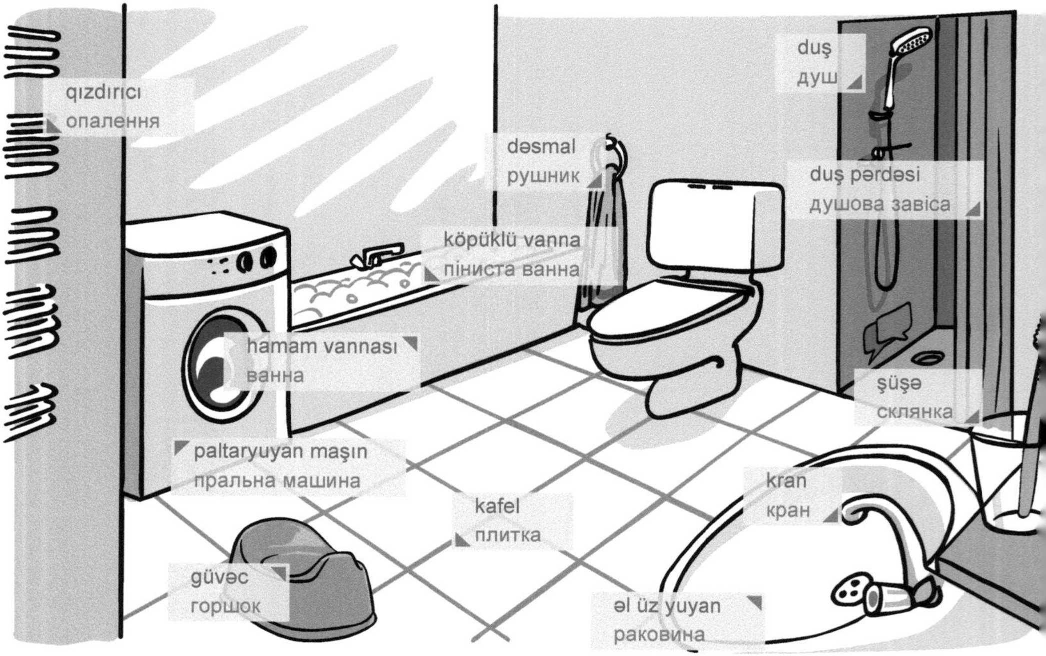
qızdırıcı
опалення
duş
душ
dəsmal
рушник
duş pərdəsi
душова завіса
köpüklü vanna
платтерна ванна
hamam vannası
ванна
şüşə
склянка
paltaryuyan maşın
пральна машина
kran
кран
kafel
плитка
güvəc
горщок
əl üz yuyan
раковина

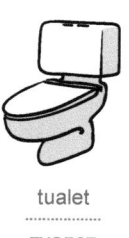

tualet

туалет

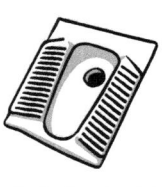

çömbəlmə tualet

підлоговий туалет

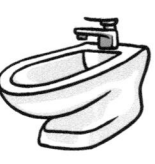

bide

біде

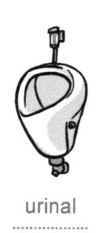

urinal

пісуар

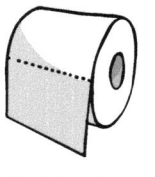

tualet kağızı

туалетний папір

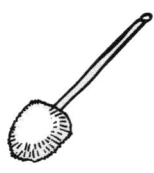

tualet fırçası

щітка для туалету

diş fırçası

зубна щітка

diş pastası

зубна паста

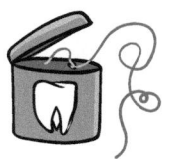

diş ipi

нитка для чищення зубів

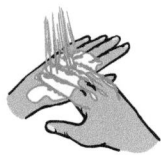

yumaq

мити

əl duşu

ручний душ

intim duş

інтимний душ

taz

таз

bel fırçası

щітка для спини

sabun

мило

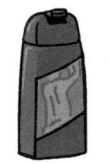

duş üçün gel

гель для душу

şampun

шампунь

əsgi

мочалка

drenaj

водостік

krem

крем

dezodorant

дезодорант

güzgü

дзеркало

əl güzgüsü

косметичне дзеркало

ülgüc

бритва

üz qırxmaq üçün köpük

піна для гоління

təraşdan sonra su

лосьйон після гоління

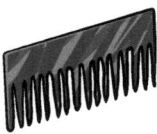

daraq

гребінь

fırça

щітка

fen

фен

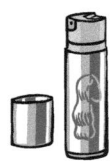

saç spreyi

лак для волосся

makiyaj

косметика

dodaq boyası

губна помада

dırnaq lakı

лак для нігтів

pambıq

вата

dırnaq qayçısı

ножиці для нігтів

ətir

парфум

gigiyenik torba

косметичка

kətil

табурет

tərəzi

ваги

hamam xalatı

халат

rezin əlcək

гумові рукавички

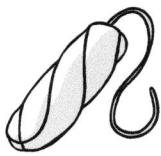

tampon

тампон

gigiyenik salfet

гігієнічні прокладки

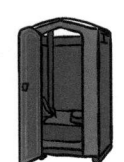

kimyəvi tualet

біотуалет

uşaq otaqı

дитяча кімната

zəngli saat
будильник
yumşaq oyuncaq
м'яка іграшка
oyuncaq avtomobil
іграшковий автомобіль
cingilti
брязкальце
kukla evciyi
ляльковий будиночок
hədiyyə
подарунок

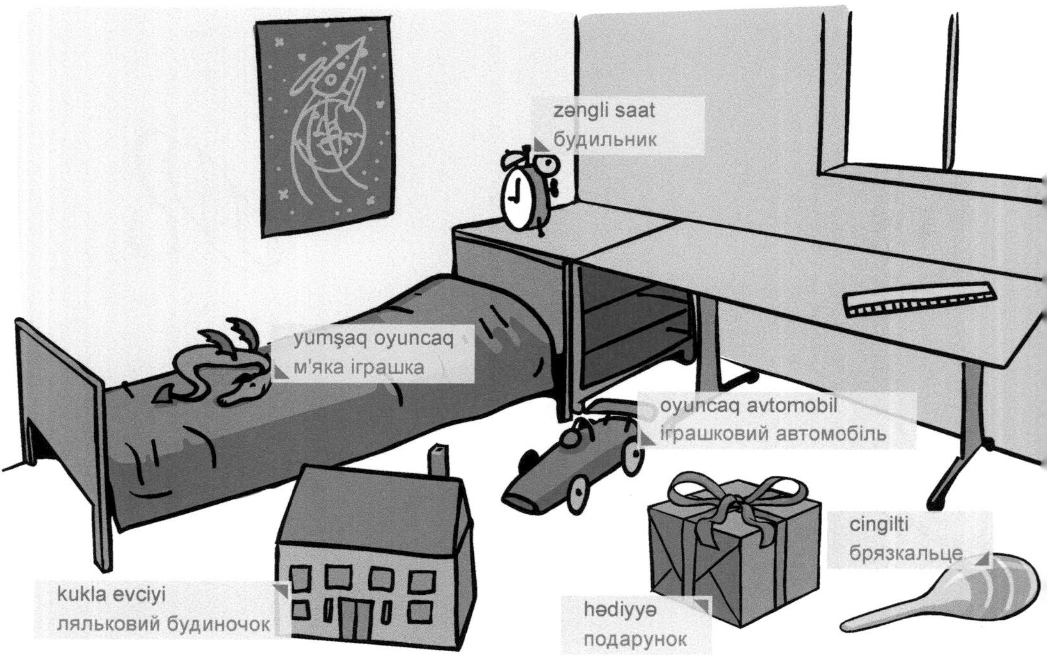

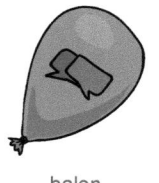

balon

повітряна кулька

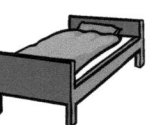

yataq

ліжко

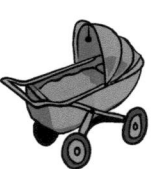

uşaq arabası

дитячий візок

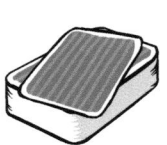

kart dəsti

картярська гра

elektrik mişarı

пазл

SUPER
MEGA

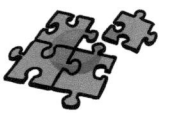

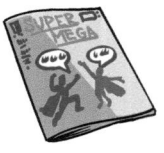

komik

комікс

leqo kərpici

лего цеглинки

konstruktor blokları

блоки

oyuncaq-personaj

іграшкова фігурка

yeni doğulmuş körpələr üçün geyimi

повзунки

frisbi

фризбі

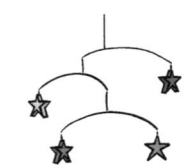

yataq üstünə asılan körpə oyuncağı

мобіле

masaüstü oyun

настільна гра

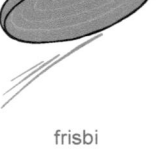

zər

кубик

oyuncaq qatar

модель залізнична станція

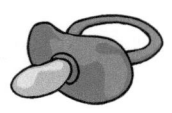

emzik

соска

qonaqlıq

вечірка

rəsmli kitab

книжка з картинками

top

м'яч

kukla

лялька

oynamaq

грати

qum qutusu

пісочниця

yelləncək

гойдалка

oyuncaqlar

іграшка

video oyun konsolu

гральна консоль

üç təkərli velosiped

триколісний велосипед

plüşdən hazırlanmış oyuncaq ayı

плюшевий мішка

şkaf

шафа

geyim

одяг

corab

шкарпетки

corab

панчохи

kalqotka

колготки

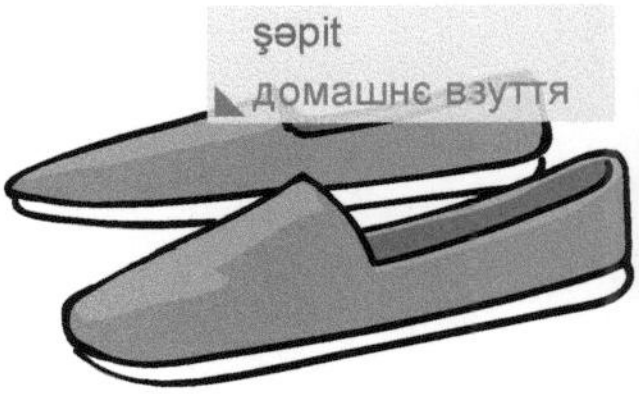

kaşne
шарф

çətir
парасоля

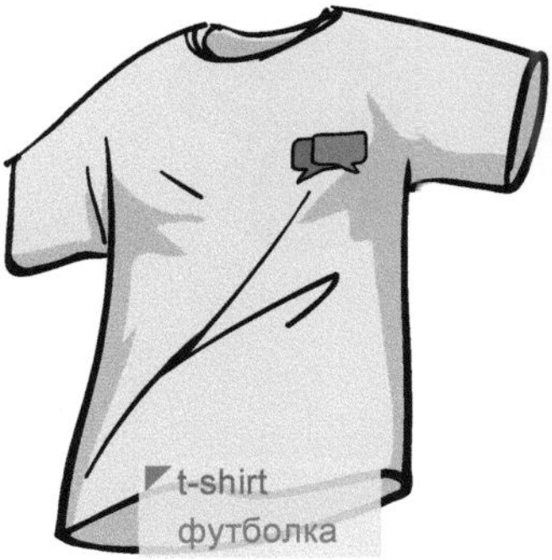

t-shirt
футболка

kəmər
ремінь

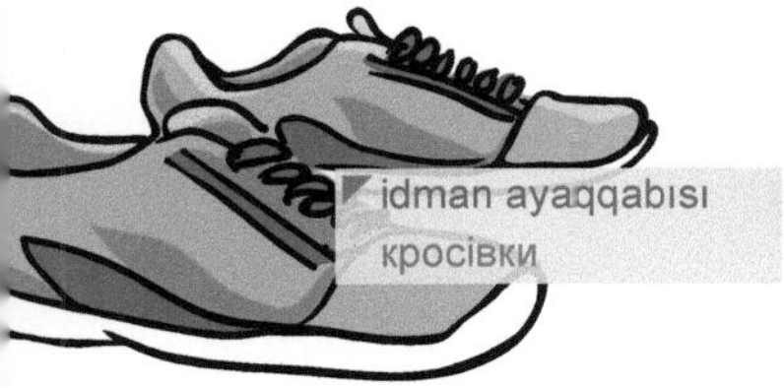

çəkmə
чоботи

şəpit
домашнє взуття

idman ayaqqabısı
кросівки

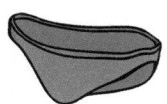

sandallar
....
сандалі

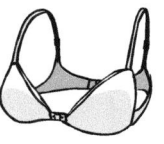

ayaqqabı
....
взуття

rezin çəkmələr
....
гумові чоботи

dizlik
....
труси

lifçik
....
бюстгальтер

alt köynəyi
....
нижня сорочка

alt paltarı
боді

şalvar
штани

cins
джинси

yubka
спідниця

bluza
блузка

köynək
сорочка

sviter
пуловер

başlıqlı idman gödəkçəsi
светр

gödəkçə
піджак

gödəkcə
куртка

pencək
пальто

plaş
дощовик

kostyum
костюм

paltar
сукня

gəlin paltarı
весільна сукня

kostyum

костюм

gecə köynəyi

нічна сорочка

pijama

піжама

sari

сарі

hicab / eşarp

головна хустка

çalma

чалма

burka

бурка

kaftan

кафтан

abaya

абая

çimərlik geyimi

купальник

tumuş

плавки

şort

шорти

məşq kostyumu

тренувальний костюм

önlük

фартух

əlcək

рукавички

düymə

гудзик

eynək

окуляри

bilərzik

браслет

boyunbağı

ланцюг

üzük

кільце

sırğa

сережка

papaq

шапка

asılqan

плічка

papaq

капелюх

qalstuk

краватка

zəncirbənd

застібка-блискавка

dəbilqə

шолом

aşırma

підтяжки

məktəb uniforması

шкільна форма

uniforma

уніформа

döşlük

нагрудник

emzik

соска

körpə bezi

підгузок

server
сервер

arxiv şkafı
шаф для документів

printer
принтер

monitor
монітор

kağız
папір

iş masası
письмовий стіл

siçan
миша

qovluq
папка

klaviatura
синтезатор

zibil qutusu
кошик для паперу

kompyuter
комп'ютер

stul
стілець

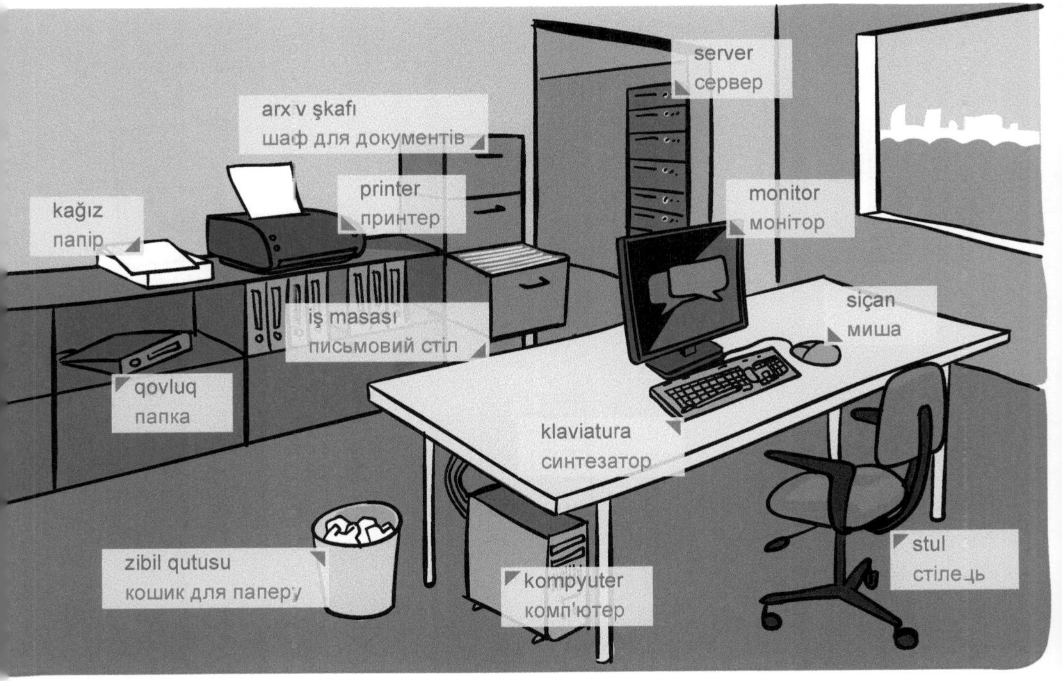

qəhvə fincanı

кавовий кухоль

kalkulyator

калькулятор

internet

інтернет

laptop

ноутбук

məktub

лист

mesaj

повідомлення

mobil telefon

мобільний телефон

şəbəkə

мережа

surətçıxaran maşın

копіювальний пристрій

proqram təminatı

програмне забезпечення

telefon

телефон

ştepsel

розетка

faks

факс

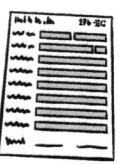

forma

бланк

sənəd

документ

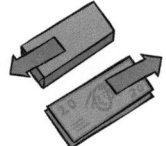

satın almaq

купувати

ödəmək

платити

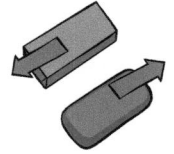

alverlə məşğul olmaq

торгувати

pul

гроші

dollar

долар

avro

євро

yen

ієна

rubl

рубль

frank

франк

renminbi yuan

юанів женьміньбі

rupi

рупія

bankomat

банкомат

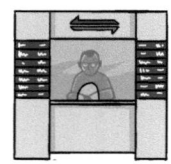

valyuta mübadiləsi
məntəqəsi

обмінний пункт

qızıl

золото

gümüş

срібло

neft

нафта

enerji

енергія

qiymət

ціна

müqavilə

контракт

vergi

податок

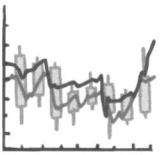

səhm

акція

işləmək

працювати

işçi

працівник

işəgötürən

роботодавець

fabrik

фабрика

dükan

магазин

iqtisadiyyat - економіка

peşə
професії

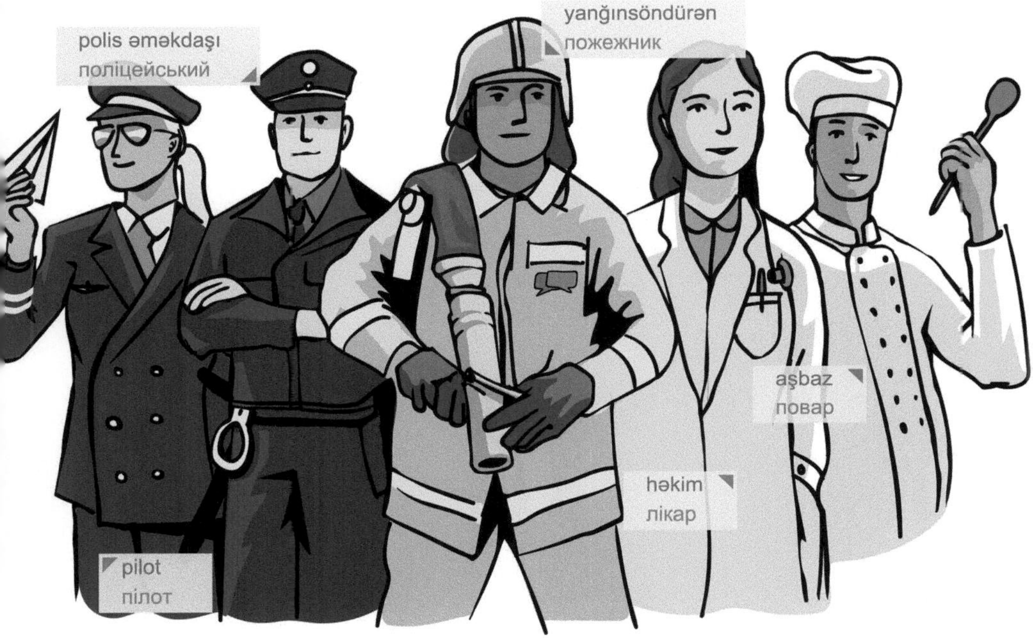
polis əməkdaşı
поліцейський
yanğınsöndürən
пожежник
aşbaz
повар
həkim
лікар
pilot
пілот

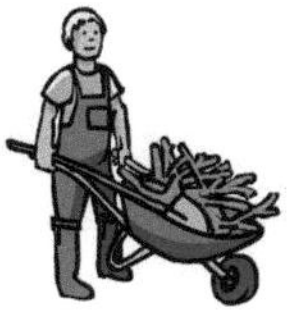

bağban

садівник

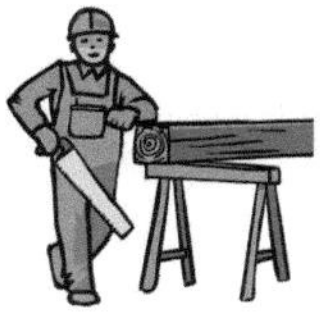

dülgər

столяр

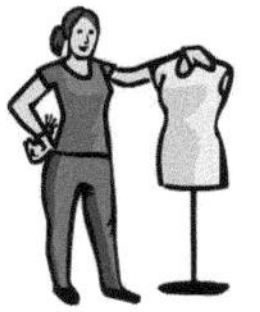

dərzi

швачка

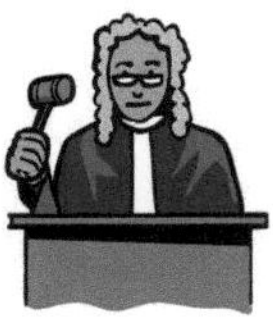

hakim

суддя

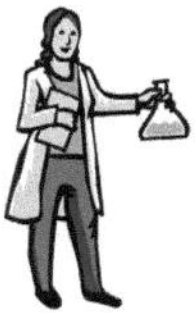

kimyaçı

хімік

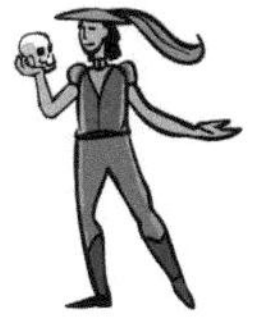

aktyor

актор

avtobus sürücüsü

водій автобуса

taksi sürücüsü

таксист

balıqçı

рибалка

xadimə

прибиральниця

dam işçisi

покрівельник

ofisiant

офіціант

ovçu

мисливець

rəssam

художник

çörəkçi

пекар

elektrik ustası

електрик

inşaat işçisi

будівельник

mühəndis

інженер

qəssab

забійник

santexnik

бляхар

poçtalyon

листоноша

əsgər

солдат

memar

архітектор

kassir

касир

gül-çiçək satıcısı

флорист

bərbər

перукар

konduktor

кондуктор

mexanik

механік

kapitan

капітан

diş həkimi

дантист

alim

вчений

ravvin

рабин

imam

імам

rahib

монах

keşiş

пастор

peşə - професії

alətlər
інструменти

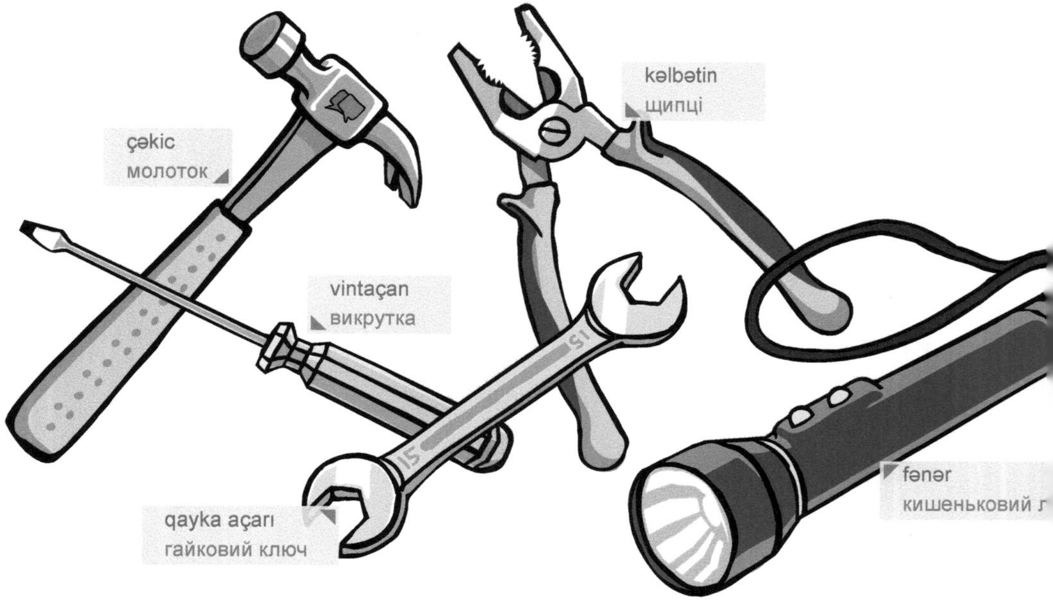

çəkic
молоток
kəlbətin
щипці
vintaçan
викрутка
qayka açarı
гайковий ключ
fənər
кишеньковий

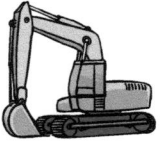

ekskavator

екскаватор

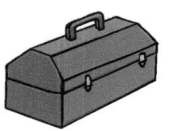

alətlər qutusu

ящик для інструментів

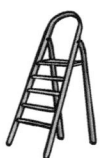

nərdivan

драбина

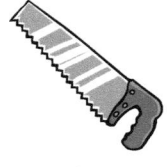

mişar

пилка

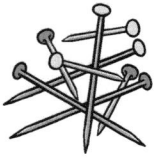

dırnaqlar

цвяхи

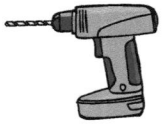

drel

свердло

təmir etmək

ремонтувати

kürək

лопата

Lənət olsun!

лайно!

xəkəndaz

совок

boya vedrəsi

відро з фарбою

vintlər

гвинти

musiqi alətləri
музичні інструменти

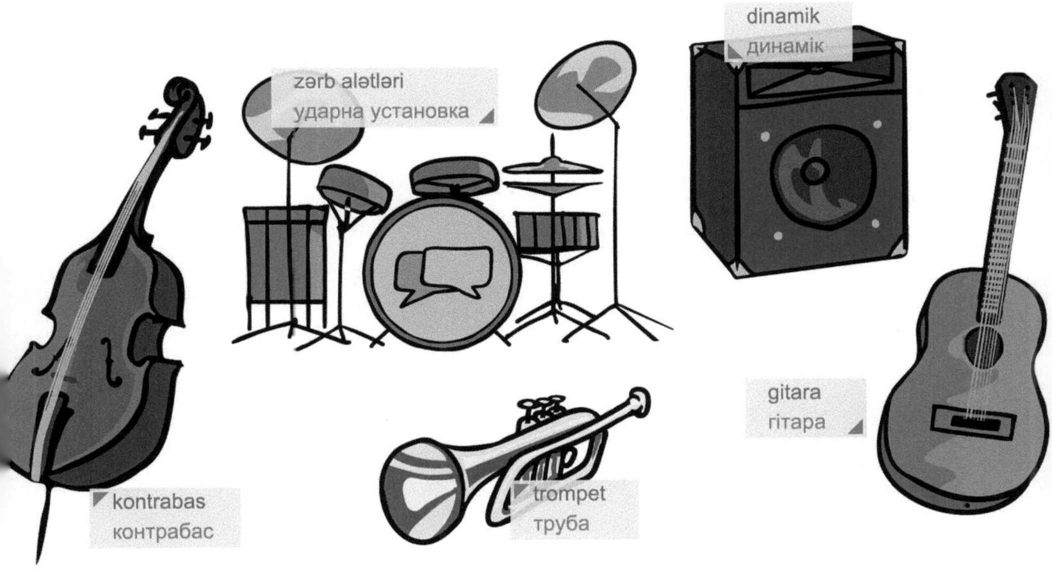

zərb alətləri
ударна установка

dinamik
динамік

kontrabas
контрабас

trompet
труба

gitara
гітара

fortepiano

фортепіано

skripka

скрипка

bas

бас

timpani

литаври

nağara

барабан

sintezator

клавіатура

saksafon

саксофон

fleyta

флейта

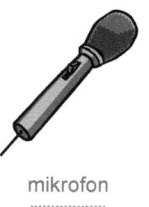

mikrofon

мікрофон

musiqi alətləri - музичні інструменти

giriş
вхід

pələng
тигр

qəfəs
клітка

zebr
зебра

heyvan yeməyi
корм

panda
панда

heyvanlar

тварини

fil

слон

kenquru

кенгуру

kərgədan

носоріг

qorilla

горила

ayı

ведмідь

dəvə

верблюд

dəvəquşu

страус

aslan

лев

meymun

мавпа

flamingo

фламінго

tutuquşu

папуга

qütb ayısı

білий ведмідь

pinqvin

пінгвін

köpəkbalığı

акула

tovuz

павич

ilan

змія

timsah

крокодил

zoopark işçisi

працівник зоопарку

suiti

тюлень

yaquar

ягуар

poni

поні

bəbir

леопард

hippopotam

гіпопотам

zürafə

жираф

qartal

орел

qaban

кабан

balıq

риба

tısbağa

черепаха

morj

морж

tülkü

лисиця

ceyran

газель

idman
спорт

amerikan futbolu
американський футбол

velosiped sürmək
їзда на велосипеді

tennis
теніс

basketbol
баскетбол

üzgüçülük
плавання

buz xokkeyi
хокей

boks
бокс

futbol
футбол

badminton
бадмінтон

yüngül atletika
легка атлетика

həndbol
гандбол

xizək
лижні перегони

polo
поло

fəaliyyət
дії

gülmək
сміятися
tullanmaq
стрибати
qucaqlaşmaq
обіймати
getmək
йти
oxumaq
співати
yuxu qö-mək
мріяти
dua etmək
молитися
öpüşmək
цілувати

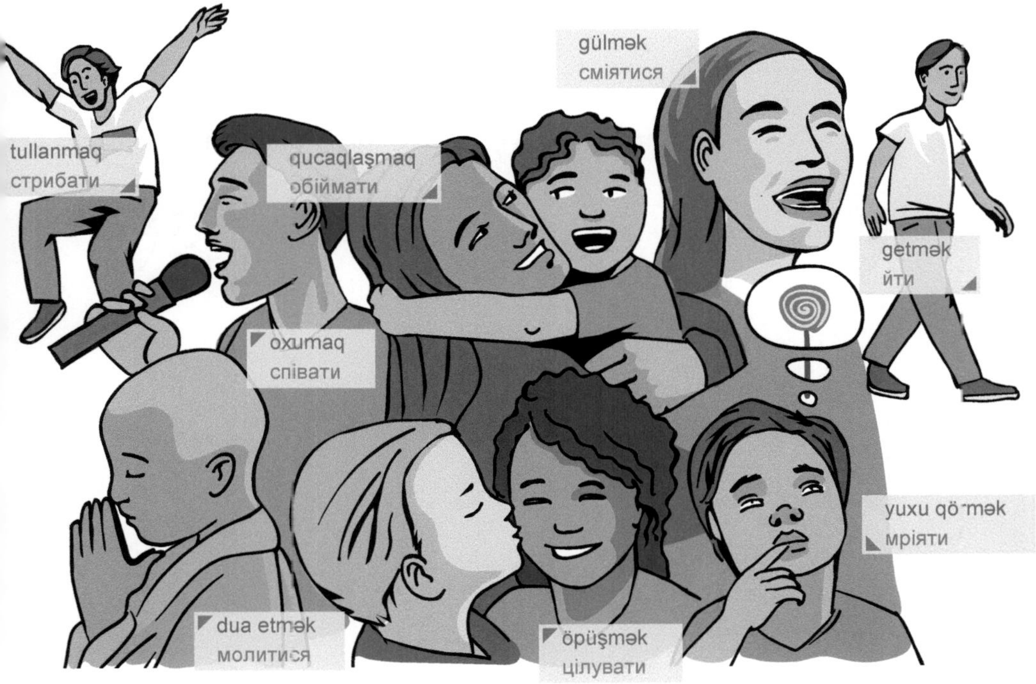

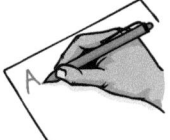

yazmaq

писати

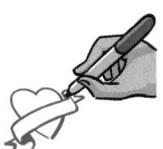

çəkmək

малювати

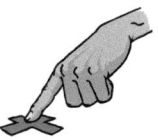

göstərmək

показувати

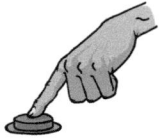

itələmək

тиснути

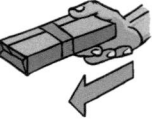

vermək

давати

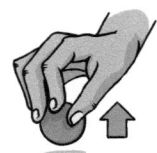

götürmək

брати

sahibi olmaq
мати

etmək
робити

olmaq
бути

durmaq
стояти

qaçmaq
бігати

çəkmək
тягнути

atmaq
кидати

düşmək
падати

uzanmaq
лежати

gözləmək
очікувати

daşımaq
носити

oturmaq
сидіти

geyinmək
одягати

yatmaq
спати

ayılmaq
просипатися

baxmaq

дивитися

ağlamaq

плакати

sığallamaq

гладити

daramaq

розчісувати

danışmaq

розмовляти

anlamaq

розуміти

soruşmaq

питати

dinləmək

слухати

içmək

пити

yemək

їсти

təmizləmək

прибирати

sevmək

любити

bişirmək

варити

sürmək

їхати

uçmaq

літати

üzmək

йти під вітрилом

hesablamaq

рахувати

oxumaq

читати

öyrənmək

вчитися

işləmək

працювати

evlənmək

одружуватися

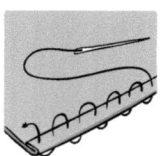

tikmək

шити

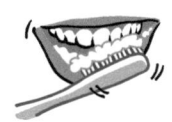

dişləri təmizləmək

чистити зуби

öldürmək

убивати

siqaret çəkmək

курити

göndərmək

посилати

ailə
сім'я

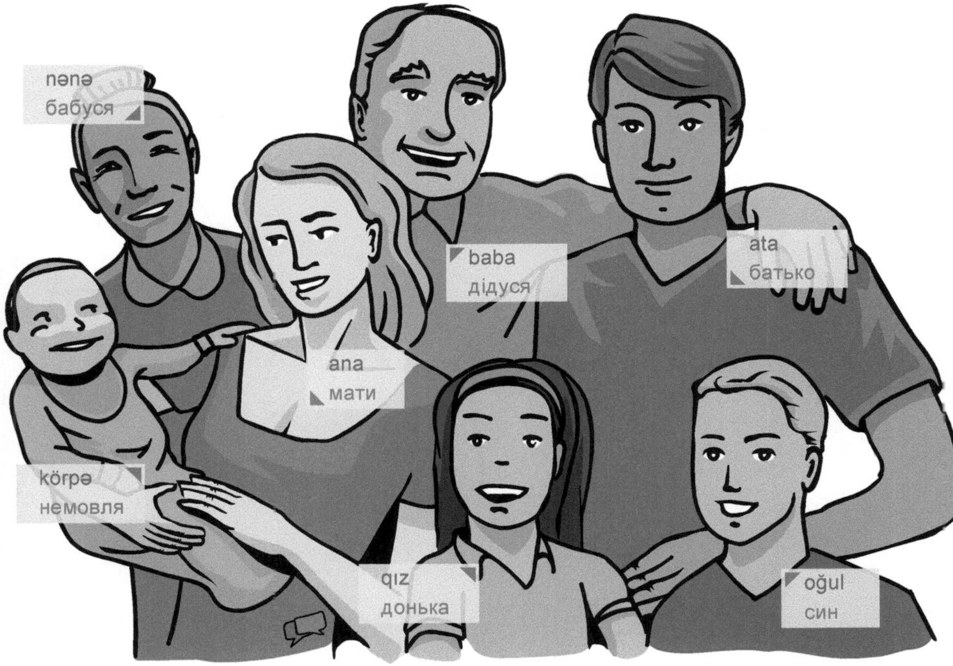
nənə
бабуся
baba
дідуся
ata
батько
ana
мати
körpə
немовля
qız
донька
oğul
син

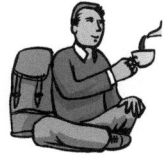

qonaq

гість

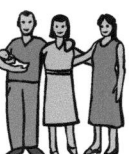

xala/bibi

тітка

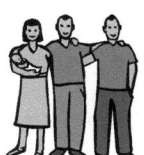

əmi/dayı

дядько

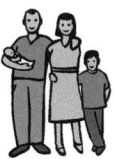

qardaş

брат

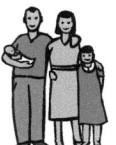

bacı

сестра

bədən

тіло

alın
чоло
göz
око
çiyin
плече
barmaq
палець
üz
обличчя
buxaq
підборіддя
əl
кисть
döş
груди
ayaq
нога
qol
рука

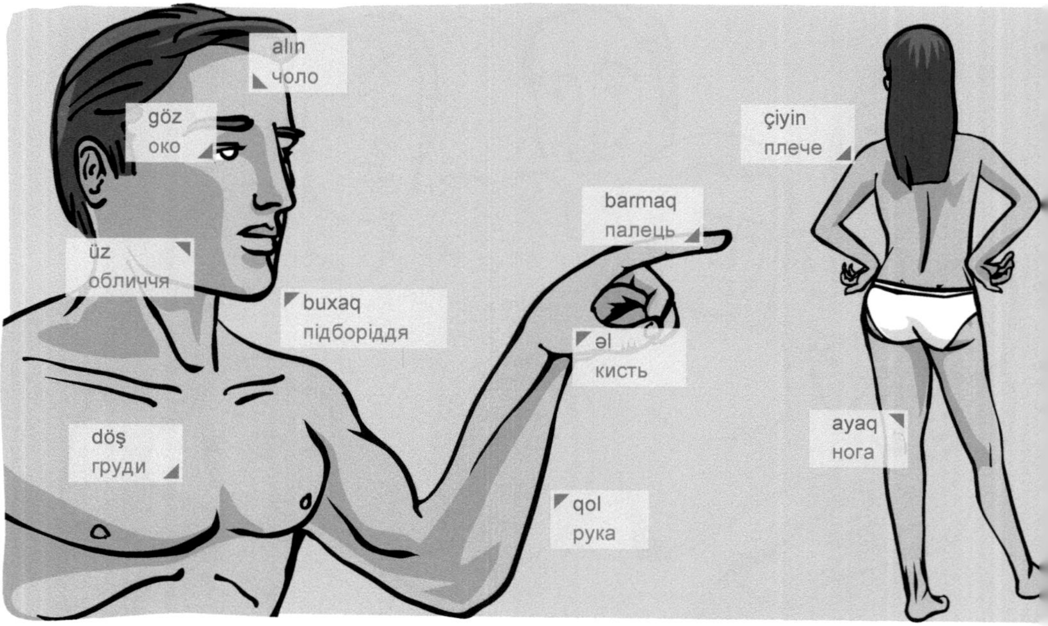

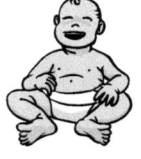

körpə

немовля

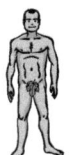

kişi

чоловік

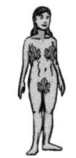

qadın

жінка

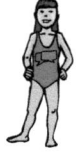

qız

дівчина

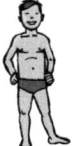

oğlan

хлопчик

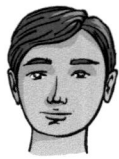

baş

голова

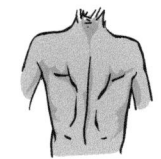

bel
спина

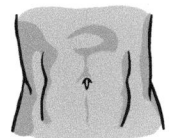

qarın
живіт

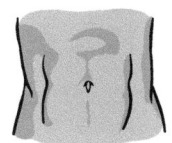

göbək
пуп

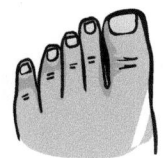

ayaq barmağı
палець ноги

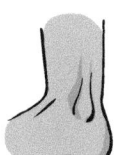

daban
п'ята

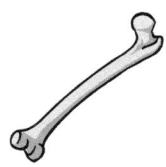

sümük
кістка

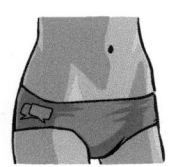

bud
стегно

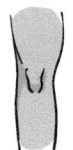

diz
коліно

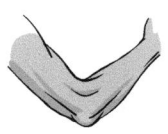

dirsək
лікоть

burun
ніс

sağrı
сідниці

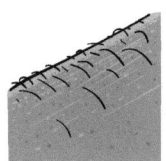

dəri
шкіра

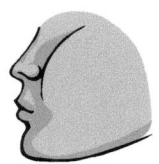

yanaq
щока

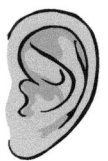

qulaq
вухо

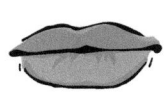

dodaq
губа

ağız

рот

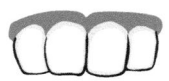

diş

зуб

dil

язик

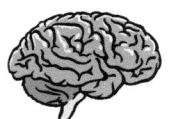

beyin

мозок

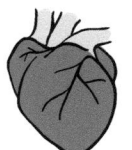

ürək

серце

əzələ

м'яз

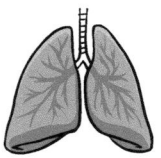

ağciyər

легені

qaraciyər

печінка

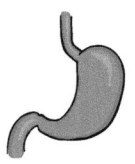

mədə

шлунок

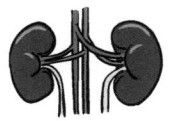

böyrəklər

нирки

cinsi yaxınlıq

статевий акт

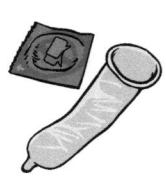

kondom

презерватив

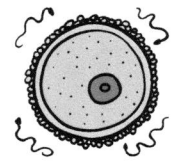

qadın cinsi hüceyrə

яйцеклітина

sperma

сперма

hamiləlik

вагітність

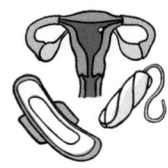

aybaşı

менструація

vagina

вагіна

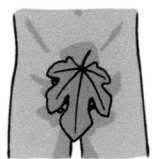

penis

пеніс

qaş

брова

saç

волосся

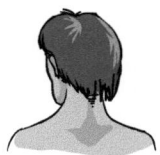

boyun

шия

bədən - тіло

xəstəxana

лікарня

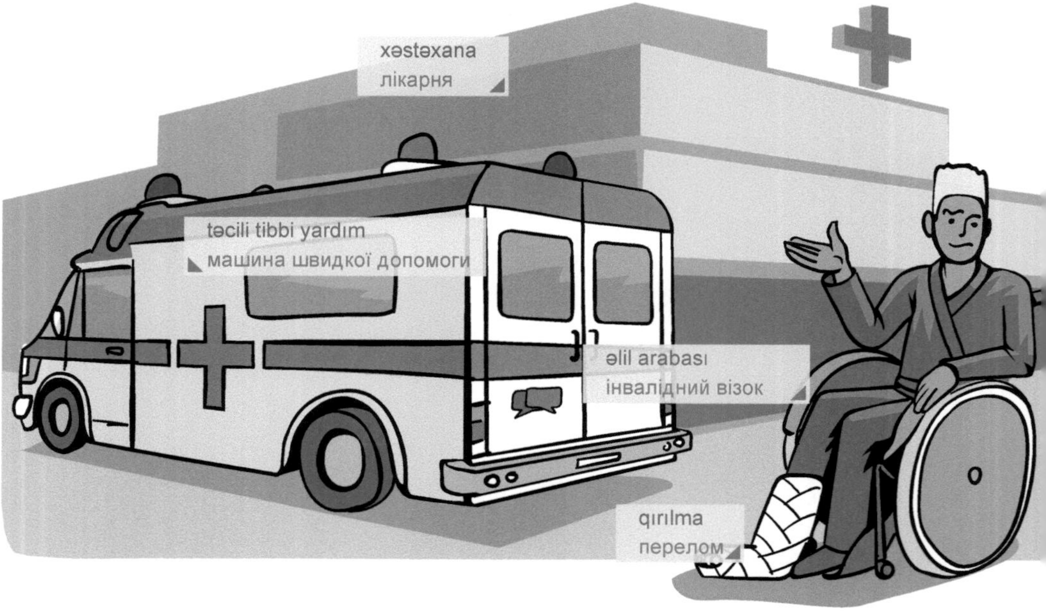

xəstəxana
лікарня
təcili tibbi yardım
машина швидкої допомоги
əlil arabası
інвалідний візок
qırılma
перелом

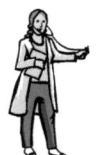

həkim

лікар

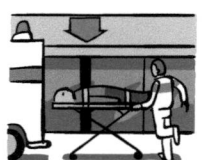

reanimasiya şöbəsi

відділення швидкої медичної допомоги

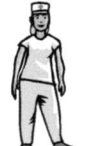

tibb bacısı

медсестра

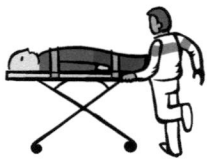

fövqəladə hallar

аварійний випадок

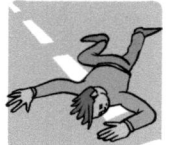

huşunu itirmiş

непритомний

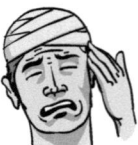

ağrı

біль

zədə

травма

qanaxma

кровотеча

infarkt

інфаркт

insult

інсульт

allergiya

алергія

öskürək

кашель

qızdırma

лихоманка

qrip

грип

ishal

пронос

başağrısı

головна біль

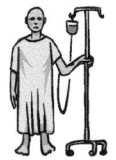

xərçəng

рак

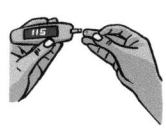

şəkərli diabet

діабет

cərrah

хірург

neştər

скальпель

əməliyyat

операція

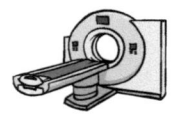

CT
КТ

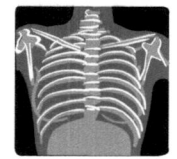

rentgen
рентген

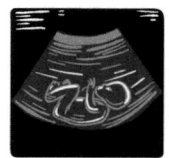

ultrasəs
ультразвук

maska
маска

xəstəlik
хвороба

gözləmə otağı
зал очікування

qoltuqağacı
милиця

plaster
пластир

sarğı
пов'язка

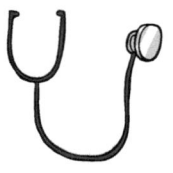

inyeksiya
ін'єкція

steteskop
стетоскоп

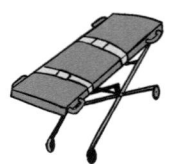

xərək
ноші

hərarətölçən
термометр

doğum
народження

çəki artıqlığı
надмірна вага

eşitmə aparatı

слуховий апарат

dezinfeksiyaedici

дезінфікуючий засіб

infeksiya

інфекція

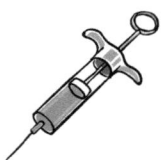

virus

вірус

QİÇS

ВІЛ / СНІД

tibb

медицина

peyvənd

вакцинація

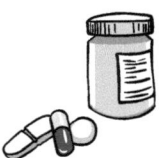

həblər

таблетки

həb

протизаплідна пігулка

təcili zəng

екстрений виклик

qan təzyiqini ölçmək üçün cihaz

тонометр

xəstə / sağlam

хворий / здоровий

Kömək edin!

Допоможіть!

basqın

напад

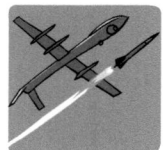

hücum

атака

təhlükə

небезпека

ehtiyat çıxışı

аварійний вихід

Kömək edin!

Допоможіть!

həyəcan siqnalı

сигнал тривоги

Yanğın!

Вогонь!

odsöndürən

вогнегасник

qəza

аварія

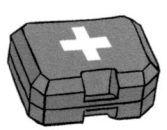

ilkin yardım qutus

аптечка

SOS

СОС

polis

поліція

Avropa

Європа

Şimali Amerika

Північна Америка

Cənubi Amerika

Південна Америка

Afrika

Африка

Asiya

Азія

Avstraliya

Австралія

Atlantik

Атлантика

Sakit Okean

Тихий океан

Hind okeanı

Індійський океан

Antarktika Okeanı

Антарктичний океан

Şimal Buzlu okeanı

Північний Льодовитий океан

Şimal qütbü

Північний полюс

Cənub qütbü

Південний полюс

Antarktika

Антарктика

Yer kürəsi

Земля

ölkə

суша

dəniz

море

ada

острів

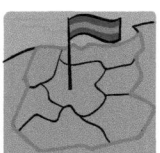

millət

нація

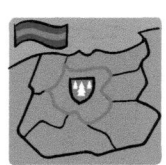

dövlət

держава

siferblat

циферблат

saat əqrəbi

годинникова стрілка

dəqiqə əqrəbi

хвилинна стрілка

saniyə əqrəbi

секундна стрілка

Saat neçədir?

Котра година?

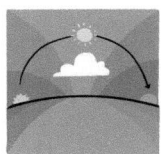

gün

день

vaxt

час

indi

зараз

rəqəmsal saat

цифровий годинник

dəqiqə

хвилина

saat

година

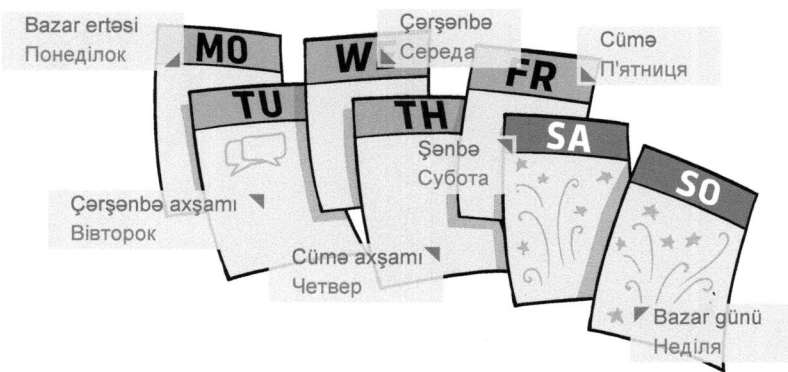

Bazar ertəsi
Понеділок

Çərşənbə
Середа

Cümə
П'ятниця

Şənbə
Субота

Çərşənbə axşamı
Вівторок

Cümə axşamı
Четвер

Bazar günü
Неділя

dünən
вчора

bugün
сьогодні

sabah
завтра

səhər
ранок

günorta
опівдні

axşam
вечір

MO	TU	WE	TH	FR	SA	SU
1	2	3	4	5	6	7
8	9	10	11	12	13	14
15	16	17	18	19	20	21
22	23	24	25	26	27	28
29	30	31	1	2	3	4

iş günü
робочі дні

MO	TU	WE	TH	FR	SA	SU
1	2	3	4	5	6	7
8	9	10	11	12	13	14
15	16	17	18	19	20	21
22	23	24	25	26	27	28
29	30	31	1	2	3	4

həftə sonu
кінець робочого тижня

il

рік

göy qurşağı
веселка
yağış
дощ
qar
сніг
külək
вітер
yaz
весна
payız
осінь
yay
літо
qış
зима

4.APRIL 11°
5.APRIL 4°
6.APRIL 13°
7.APRIL 8°
8.APRIL 10°

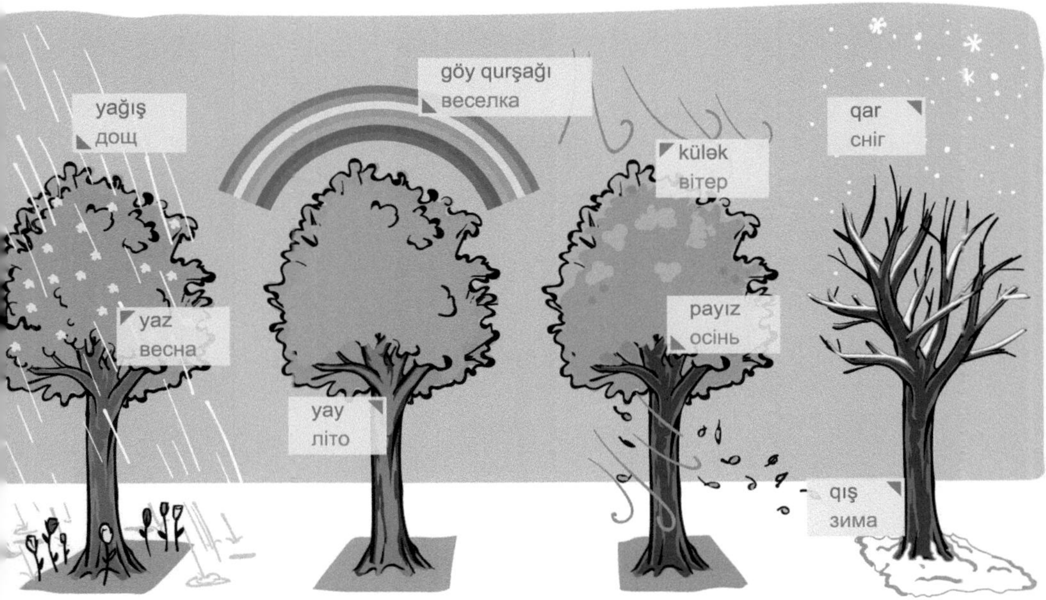

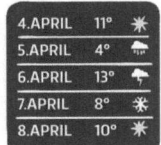

hava proqnozu

прогноз погоди

F C
120 40
90 30
60 20
30 10
0 0
-30 -10
-20

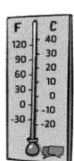

termometr

термометр

günəş işığı

сонячне світло

bulud

хмара

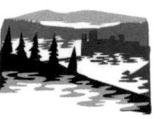

duman

туман

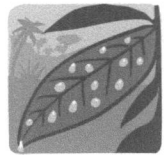

rütubət

вологість повітря

ildırım
блискавка

göy gurultusu
грім

fırtına
шторм

dolu
град

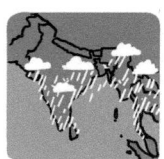

musson
мусон

daşqın
повінь

buz
лід

yanvar
Січень

fevral
Лютий

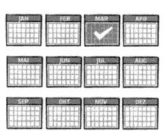

mart
Березень

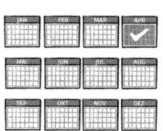

aprel
Квітень

may
Травень

iyun
Червень

iyul
Липень

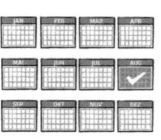

avqust
Серпень

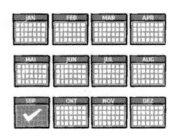

sentyabr

Вересень

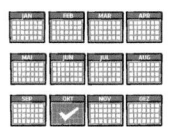

oktyabr

Жовтень

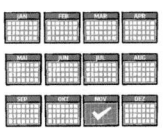

noyabr

Листопад

dekabr

Грудень

formalar
форми

dairə

круг

kvadrat

квадрат

düzbucaqlı

прямокутник

üçbucaq

трикутник

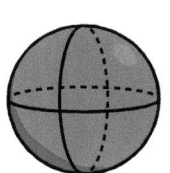

kürə

куля

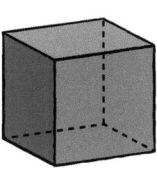

kub

куб

ağ

білий

sarı

жовтий

narıncı

помаранчевий

çəhrayı

рожевий

qırmızı

червоний

bənövşəyi

фіолетовий

mavi

синій

yaşıl

зелений

palıdı

коричневий

boz

сірий

qara

чорний

çox / az

багато / мало

qeyzli / sakit

лютий / мирний

yaraşıqlı / eybəcər

гарний / бридкий

başlanğıc / son

початок / кінець

böyük / kiçik

великий / малий

işıqlı / qaranlıq

світлий / темний

qardaş / bacı

брат / сестра

təmiz / kirli

чистий / брудний

tam / natamam

завершений /
незавершений

gündüz / gecə

день / ніч

ölü / diri

мертвий / живий

geniş / dar

широкий / вузький

yemeli / yeyilməyən

їстівний / неїстівний

hirsli / mehriban

злий / дружній

həyəcanlı / bezmiş

збуджений / нудьгуючий

kök / arıq

товстий / тонкий

ilk / son

спочатку / востаннє

dost / düşmən

друг / ворог

dolu / boş

повний / порожній

sərt / yumşaq

жорсткий / м'який

ağır / yüngül

важкий / легкий

aclıq / susuzluq

голод / спрага

xəstə / sağlam

хворий / здоровий

qanunsuz / qanuni

незаконний / законний

ağıllı / axmaq

розумний / дурний

sol / sağ

вліво / вправо

yaxın / uzaq

поруч / далеко

yeni / istifadə edilmiş

новий / використаний

heç bir şey / bir şey

нічого / щось

qoca / gənc

старий / молодий

açma / bağlama

вкл / викл

açıq / bağlı

відкрито / закрито

sakit/ bərk

тихо / гучно

varlı / kasıb

багатий / бідний

düzgün / səhv

правильно / неправильно

kobud / hamar

шорсткий / гладкий

kədərli / xoşbəxt

сумний / щасливий

qısa / uzun

короткий / довгий

yavaş / sürətli

повільно / швидко

yaş / quru

вологий / сухий

isti / sərin

гарячий / холодний

müharibə / sülh

війна / мир

əksinə - протилежності

0

sıfır

нуль

1

bir

один

2

iki

два

3

üç

три

4

dörd

чотири

5

beş

п'ять

6

altı

шість

7

yeddi

сім

8

səkkiz

вісім

9

doqquz

дев'ять

10

on

десять

11

on bir

одинадцять

12
on iki

дванадцять

13
on üç

тринадцять

14
on dörd

чотирнадцять

15
on beş

п'ятнадцять

16
on altı

шістнадцять

17
on yeddi

сімнадцять

18
on səkkiz

вісімнадцять

19
on doqquz

дев'ятнадцять

20
iyirmi

двадцять

100
yüz

сто

1.000
min

тисяча

1.000.000
milyon

мільйон

ədədlər - числа

İngilis dili

англійська

İngilis dilinin amerikan
variantı

американська англійська

Çin dilinin Mandarin dialekti

китайська
високочиновницька

Hind dili

хінді

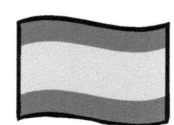

İspan dili

іспанська

Fransız dili

французька

Ərəb dili

арабська

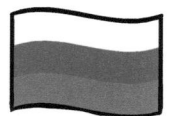

Rus dili

російська

Portuqal dili

португальська

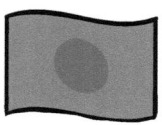

Benqal dili

бенгальська

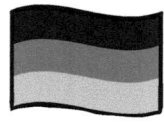

Alman dili

німецька

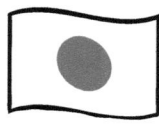

Yapon dili

японська

mən

я

sən

ти

o / o / o

він / вона / воно

biz

ми

siz

ви

onlar

вони

kim?

хто?

nə?

що?

necə?

як?

harada?

де?

nə zaman?

коли?

ad

ім'я

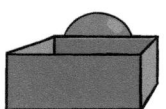

arxadan

ззаду

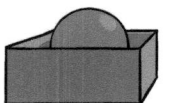

içində

в

qarşısında

перед

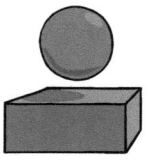

üzərində

над

dair

на

altında

під

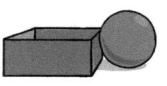

yanaşı

біля

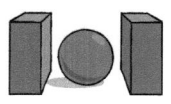

arasında

між

yer

місце